BEI GRIN MACHT SICH IHR WISSEN BEZAHLT

AF151532

- Wir veröffentlichen Ihre Hausarbeit, Bachelor- und Masterarbeit

- Ihr eigenes eBook und Buch - weltweit in allen wichtigen Shops

- Verdienen Sie an jedem Verkauf

Jetzt bei www.GRIN.com hochladen und kostenlos publizieren

Bibliografische Information der Deutschen Nationalbibliothek:

Die Deutsche Bibliothek verzeichnet diese Publikation in der Deutschen National-
bibliografie; detaillierte bibliografische Daten sind im Internet über http://dnb.d-
nb.de/ abrufbar.

Impressum:

Copyright © 2013 GRIN Verlag, Open Publishing GmbH
Druck und Bindung: Books on Demand GmbH, Norderstedt Germany
ISBN: 978-3-668-00517-4

Tina Keller

Wolfgang Erharters "Kreativität gibt es nicht". Eine Buchrezension

GRIN Verlag

Hausarbeit
zum Modul V Übergreifende Qualifikationen
V/IV: Interkulturelle und kreative Kompetenz

Bildungs- und Sozialmanagement (BiSo)
Tina Keller

Rezension des Buches

Kreativität gibt es nicht

■ 3. Semester

Inhaltsverzeichnis

1. Einleitung

Diese Rezension beschäftigt sich mit dem Buch „Kreativität gibt es nicht". Ein provokanter Titel, der die Lesenden[1] aufmerksam werden lässt und zum Hinsehen auffordert. Im Untertitel „Wie Sie geniale Ideen erarbeiten", wird die Neugierde der Lesenden geweckt.

Der Autor, Wolfgang A. Erharter ist Berater am Malik Management Zentrum in St. Gallen. Er hält seit 15 Jahren Vorträge und Coachings zu dem Thema Kreativität. Erharter lebt mit seiner Familie in Wien und kommt ursprünglich aus dem Arbeitsbereich der Musik[2]. Sein Buch trifft mit dem Inhalt den aktuellen Zeitgeist und bearbeitet ein Thema, das zunehmend zum Interesse für alle Berufszweige wird. Die Veröffentlichung ist 2012 als 1. Auflage als Imprint der Münchner Verlagsgruppe GmbH erschienen.

Was kommt in diesem Buch auf die Lesende zu? Gibt es tatsächlich keine Kreativität? Was ist mit den vielen Fachbüchern, Vorträgen, Schulungen und wissenschaftlichen Erkenntnissen zu dieser Thematik? Wollte der Autor tatsächlich nur reizen oder befinden sich in diesem Buch revolutionäre neue Forschungsergebnisse, die alles was bisher eruiert und gelesen wurden in ein neues Licht rückt?

2. Aufbau des Buches

Der Aufbau des Buches ist sehr klar und deutlich strukturiert. Zu Beginn findet die Lesende ein, durch Hauptpunkte klar gegliedertes, Inhaltsverzeichnis. Die Unterkapitel sind nicht nummeriert. Ideal ist das Stichwortverzeichnis am Ende des Buches. Hier findet die Lesende direkt was sie sucht. Sie stößt sogar auf Namen und Stichwörter, die das Interesse der Lesenden wecken. Parallelen lassen sich hierbei schon zu Mihaly Csikszentmihalyis Buch, Kreativität, Wie Sie das unmögliche schaffen und ihre Grenzen überwinden, von 1997 entdecken. Dieses Buch gilt als anerkannte Grundlagenliteratur zur Thematik. Hierzu wird in den folgenden Kapiteln näher eingegangen. Der Gesamtumfang des Buches beläuft sich auf etwa 200 Seiten, die durch die klare Schrift und den interessanten Inhalt nicht abschrecken, sondern die Lesende Seite für Seite weiter in die Materie einbezieht und bindet. Interessanter Weise fehlt im Inhaltsverzeichnis, sowie im Buch ein ganzes Kapitel. Der Autor springt von Kapitel vier auf Kapitel sechs. Ob dies der kreative Schaffensprozess des Autors ist oder schlicht weg ein Lektoren Fehler, bleibt der Lesenden verborgen. Allerdings und

---

[1] Aus Gründen der besseren Lesbarkeit, wird auf die Schreiweise „-er/innen" verzichtet. Generell wurden die Begriffe in der weiblichen Schreibweise verwendet, da über 90 Prozent der pädagogischen Fachkräfte weiblich sind. Diese Schreibform wird als Synonym für die männliche und weibliche Form vereinfacht verwendet und alle männlichen und weiblichen Personen sind gleichberechtigt angesprochen.
[2] Vgl. Erharter, Wolfgang (2012) S. 203

nicht zuletzt bedingt durch die interessante Thematik, wird die Lesende zum Nachdenken über die Bedeutung der fehlenden Kapitelzahl angeregt. Zu Beginn eines jeden Kapitels stellt der Autor unter die Überschrift eine Warum-Aussage und beginnt dann im Folgenden mit den Ausführungen. Mit dieser Aussage, vertieft er die Überschrift und schafft es gleichzeitig die Neugier der Lesenden anzuregen. Im gesamten Buch arbeitet der Verfasser immer wieder mit Beispielen aus seinen Reden, Erfahrungen und Begegnungen. Dadurch schafft er es, die theoretischen Hintergründe zu vertiefen und anhand von Beispielen der Lesenden verständlich und klar zu vermitteln. Hier lassen sich ebenso wieder Ähnlichkeiten zu Csikszentmihalyis Publikation erkennen.

3. Zusammenfassung des Inhalts[3]

Der Autor, Wolfgang A. Erharter, geht in seinem Buch sehr genau auf den Begriff Kreativität ein. Im Vorwort spannt er die Lesende auf die Folter und versucht *„Klarheit in den allgemeinen Kreativitäts-Wirrwarr"* (S. 8) zu bringen. Der Verfasser möchte die Interessierte auf den Weg des Schaffens bringen und Wege aufzeigen, *„wie jeder sein Wissen produktiv machen"* (S. 8) und somit selbständig etwas erschaffen kann.

Im ersten Kapitel geht er auf den geschichtlichen Hintergrund des Begriffs Kreativität ein. Er beschreibt, dass alles im 20. Jahrhundert begann und Kreativität als Folge der intensiven Auseinandersetzung mit den Themen Intelligenz und Genialität hervor ging. Er bezieht sich hier auf das populärste wissenschaftliche Werk von Mihaly Csikszentmihalyi, 1997. Wie bereits erwähnt, untersuchte dieser Wissenschaftler das Phänomen der Kreativität und zählt zu den berühmtesten Vordenkern zu dieser Thematik. Csikszentmihalyi schrieb 1997 in seinem Werk „Kreativität, wie Sie das Unmögliche schaffen und Ihre Grenzen überwinden", bereits sehr ausführlich über diese Themenstellung. Als bedeutsames Geschehnis zu dieser Thematik berichtet Erharter von dem sogenannten Sputnik-Schock, der 1957 die USA in Bangen versetzte. Diese historischen Hintergründe findet die Lesende in den verschiedensten Publikationen, die sich mit Kreativität beschäftigen, wieder.

Im weiteren Verlauf schafft es der Autor, die Lesende zum Nachdenken anzuregen. Er erklärt in welchen verschiedenen Kontexten der Begriff Kreativität verwendet wird und wie schnell dieser benutzt wird, ohne über die Bedeutung wirklich nachgedacht zu haben. Der Autor beschreibt Kreativität unter anderem als Fähigkeit und erklärt, dass dahinter auch die disziplinierte Arbeit gesehen werden muss. Er stellt die Faustregel von Thomas A. Edison

---

[3] Im folgenden Kapitel wird der Inhalt des Buches „Kreativität gibt es nicht", zusammengefasst. Einzelne Vermerke oder Seitenzahlen werden bei direkten Zitaten kenntlich gemacht.

vor[4], *„ein Prozent Inspiration und neunundneunzig Prozent Transpiration"* (S. 18) vor. Deutlich zu verstehen gibt der Verfasser mit diesem Zitat, dass die wirklich schöpferischen Menschen keine Kreativitätstechniken verwenden und die kreativen Prozesse zumeist unterbewusst fließen. Viele kreative Ideen entstehen oft aus einer Notlage heraus. Ein Handbuch mit bestimmten Techniken, ist daher nicht empfehlenswert. Es kann nicht davon gesprochen werden, wenn man bestimmte Dinge tut, ist man kreativ oder entwickelt Ideen. Vielmehr muss von ausdauernder, disziplinierter und harter Arbeit gesprochen werden.

Wenn wir von kreativen Menschen sprechen, geht es *„um Menschen, die gelernt haben, wie sie am besten aus vorhandenem Wissen etwas Wertvolles erschaffen können" (S. 27)*. Der Autor erklärt, dass Kreativität zwar bedeutet, etwas Neues zu erschaffen, er zeigt aber auch auf, dass dieses Neue durchaus auch aus bestehendem weiterentwickelt werden kann. Schöpferische Kreativität bedeutet daher auch Innovation. Hierzu ist es wichtig, sich nicht stetig mit dem Begriff auseinanderzusetzen und zu überlegen ob man nun kreativ ist oder nicht. Es bedeutet vielmehr, dass der Mensch die Logik des Schaffens begreift und umsetzt. Durch den Schaffensprozess wird etwas zum Ausdruck gebracht. Voraussetzung für jeden Schaffenden, der etwas zum Ausdruck bringen möchte ist, dass dieser sich mit der Materie intensiv auseinandersetzt und hart arbeitet. Denn die kreativen Ideen kommen nicht von alleine, sondern brauchen eine Basis aus der sie entspringen können, keine Techniken. Alle schöpferischen Menschen haben zuerst ihr Handwerk gelernt, bevor sie beginnen konnten, es weiter zu entwickeln oder zu erforschen. Um dies allerdings sicher tun zu können, braucht der Schaffende einen sicheren Kreis, ein sicheres Umfeld, indem er sich entfalten kann. Er braucht Raum, verschiedenste Materialien und Werkstoffe zu seiner freien Verfügung.

Dieses schöpferische Treiben bedeutet allerdings auch Verantwortung zu übernehmen. Verantwortung für das zu Entstehende, den Prozess und die Selbstverwirklichung. Erharter stellt in seiner Publikation zehn Werkzeuge des Schaffens vor, welche das Fundament bieten, um kreativ arbeiten zu können. Grundlegend ist dabei das völlig zweckfreie aber konzentrierte Spielen mit Ideen und Lösungsansätzen. Wichtig ist, sich ebenfalls die Ideen Anderer anzuschauen und sich dadurch inspirieren zu lassen. Kinder lernen ihre ganzen Grundlagen durch die Beobachtung und die Inspiration der Vorbilder. Bedeutend ist, sich nicht das Ergebnis stetig vor Augen zu führen. So würde der Schaffensprozess eher gelähmt als voran gebracht. Die Kreative sollte durch die sicheren Rahmenbedingungen die Möglichkeit haben, sich auf den Prozess einzulassen. Ein treffendes Zitat des Autors kann an dieser Stelle passend genannt werden: *„Ein Genie macht in einer Mußestunde beiläufig eine Entdeckung, die allen anderen entgeht, und verändert dadurch mit spielerischer*

---

[4] Thomas A. Edison war ein amerikanischer Erfinder der von 1847- 1931 lebte. (planet-wissen.de)

Leichtigkeit die Welt" (S. 115). Erharter schreibt in seiner Argumentation immer wieder vom schöpferischen und nicht vom kreativen Menschen. Denn letztendlich schöpft der Kreative etwas. Er schöpft etwas Neues. Während dieses gesamten Prozesses hat der Mensch nicht stetig das Ergebnis im Kopf sondern befindet sich in einem Flow. „Der Flow ist durch klare Ziele gekennzeichnet. Das Handeln und Bewusstsein bilden eine Einheit in der das Zeitgefühl aufgehoben und das Abgelenkt werden ausgeschlossen ist. Außerdem ist es ein Zustand der Selbstgelassenheit und ohne Versagensängste, da sich die Aufgaben und Fähigkeiten in Gleichgewicht befinden. Diejenige, die sich im Flow befindet erhält ein unmittelbares Feedback für das eigene Handeln du die Aktivität ist das Ziel in sich (autotelisch)"[5]. Dieser Flow ist somit unabhängig vom Ergebnis selbst und der Sinn liegt in der intrinsischen Motivation diesen Flow zu erleben. Erharter beschreibt dies folgendermaßen: *„Kreativität besteht [...] darin, [...] dass Sie bislang unbekannte Kombinationen innerhalb bestehender Grenzen finden"* (S. 122). Von diesem Flow, wird in verschiedenster Literatur ebenso berichtet. „Der Flow, der Kreativität", so berichtet, wie bereits erwähnt, Csikszentmihalyi bereits 1997, darüber. Auch in pädagogischen Fachbüchern, von Daniela Braun, ist in der neusten Ausgabe, „Kreativität in Theorie und Praxis", davon zu lesen. Dies zeigt, welch tragende Rolle diesem Flow zukommt.

Erharter beschreibt *„vier Modi des Schaffens"*. Er erklärt, dass es für jeden Schaffensprozess unumgänglich ist, diese Modi zu berücksichtigen. *„Zulassen – sich einlassen – weglassen – loslassen"*. Diese vier befinden sich in einem Kreislauf, den es im Schaffensprozess immer wieder zu durchwandern gilt. Die Lesende wird motiviert, sich an diese Modi zu halten, um sicher zu gehen, dass sie sich im Schaffensprozess nicht verzettelt, sondern immer weiter voranschreitet. Die Förderung des Ideenflusses, des spielerischen Tun und Denkens sind wegweisend um die geistige Schärfe zu lockern und sich auf einen Schaffensprozess einzulassen.

Gegen Ende des Buches zeigt der Autor Möglichkeiten zur unkreativen Problemlösung, wie er selbst schreibt. Er zeigt der Lesenden Schritte auf, die es zu beachten gilt. Kreative Lösungswege können allerdings jederzeit stattfinden. Durch die so gewählte Überschrift, versucht er den Druck herauszunehmen, unbedingt kreativ sein zu müssen und schafft dies mit seiner klaren Richtungsweisung auch zu vermitteln. Im letzten Kapitel weist er daraufhin, dass professionelles Management kein Widerspruch zur Kreativität ist und bezieht sich auf die Zusammenarbeit in Teams und auf die Strukturen der Führung. Er stellt klar, dass ein Mensch, besonders ein kreativer, schöpferischer Mensch, Strukturen braucht um sich entfalten zu können und in diesen einmaligen Flow zu geraten. Er nimmt in diesem letzten

---

[5] Dies ist eine zusammenfassende Kurzbeschreibung des Flow nach Csikszentmihalyi, Mihaly (1997) S. 162-166

Kapitel alles vorher geschriebene noch einmal auf und kombiniert dies in Bezug zur Unternehmensführung. Erharter spricht hier sehr deutlich die Führungskräfte an und geht auf Fragen der Organisationen ein. Ganz typisch für den Autor und auch für die Beispiele, die er während seiner gesamten Ausführungen immer wieder anführt, stellt er dieses letzte Kapitel anhand eines Beispiels dar und sorgt somit auch hier noch einmal zu einer logischen und verständlichen Erklärung.

4. Der Autor Wolfgang A. Erharter

Der Autor, Wolfgang A. Erharter, wurde 1965 in Wien geboren. Dort studierte er die klassische Violine. Mitte der 90 er Jahre lebte er in Kroatien und baute dort ein Beratungsunternehmen auf. Er schloss einige Beratungsausbildungen ab und etablierte sich als Berater, Trainer und Coach für den Management Bereich. Seit 2007 arbeitet er im Wiener Büro des Malik Management Zentrums St. Gallen als Berater. In seinem Buch und auch seinen Vorträgen erklärt er an musikalischen Beispielen und mit Hilfe seiner Geige, komplizierte Managementprozesse und Begriffe wie Kreativität, Innovation, Produktivität und vieles mehr. Dies macht ihn zu etwas Besonderem in seinem Bereich und sorgt für einen hohen Wiedererkennungswert. Erharter hat seinen Schwerpunkt bei der Gestaltung von innovativen Unternehmenskulturen und der Steigerung der Effektivität von Fach- und Führungskräften gesetzt. (S.203). Auf seiner Homepage, www.erharter.info.de, kann die interessierte Lesende mehr über den Erfolgsautor erfahren, der als einer „der Top Referenten im Bereich Management und Organisation zählt". Erharter schreibt in einer sehr lebendigen Form, die die Lesende anregt und zum Nachdenken bringt. Setzt man sich mit der Thematik Kreativität weiter auseinander, ist zu erkennen, dass der Autor „altes Wissen", neu verpackt und in Bezug zum Management gestellt hat. Der Verfasser gibt Vorträge und bietet Workshops an, in den Bereichen Management, Innovation und Kreativität, Führungskommunikation und noch vieles mehr. In einem Interview vom Oktober 2012[6], erklärt er „Kreativität ist zu einer Worthülse verkommen". Er übt mit diesem Satz und seinem Buch Kritik daran, dass es in den letzten Jahren, zu einer Welle des Kreativitätsbegriffs gekommen ist und „plädiert für ein „Handwerk des Schaffens" als Arbeitsethos der Wissensarbeiter". Erharter erklärt, dass die Diskussionen über Kreativität in den letzten Jahren eigentlich eher am Thema vorbei gehen und dass man Kreativität nicht lehren oder lernen kann. Er kommt mit dieser Aussage sehr deutlich auf die Ausführungen von

---

[6] Das folgende Kapitel bezieht sich, wenn nicht anders gekennzeichnet, auf die Homepage des Autors,
www.changex.de/Aricle/interview_erharter_zum_teufel_mit_der_kreativitaet/Ci73rOSpLnlt5yZ7mcyLN YRQGa299H), letzte Einsicht, 1.4.21.00 Uhr

Csikszentmihalyi in seinem Buch zurück. Erharter weckt das Interesse der Lesenden und schärft deren kritischen Blick auf die Begrifflichkeit Kreativität.

5. Einschätzung und Bewertung

Wolfgang A. Erharter räumt in seinem Buch mit der Worthülse Kreativität auf. Er bringt die Lesende dazu, keine Angst davor zu haben nicht kreativ zu sein und zeigt, dass jeder Mensch sich in einen Schaffensprozess begeben kann. Er taucht in seinem Werk Schritt für Schritt weiter in die Materie ein und der Lesenden wird so deutlich gemacht, dass Kreativität nicht ein großer Mythos ist, sondern harte Arbeit dahinter steckt. Der Autor versteht es, der Lesenden Lösungsmöglichkeiten und Orientierungshilfen zu bieten, mit dem deutlichen Hinweis keine Rezepte verschreiben zu können. Durch die Erklärungen mit Hilfe von Beispielen, die der Autor sehr lebendig beschreibt, wird das Buch nicht zu einer trockenen und langweiligen Ausführung sondern bleibt der Lesenden durch den Unterhaltungswert sehr gut im Gedächtnis.

Das Stichwortverzeichnis am Ende, die Kapitelüberschriften mit den sehr prägnanten Untertiteln, wecken das Interesse der Lesenden und binden diese an das Buch. In manchen Kapiteln, werden die Beispiele etwas langatmig, was allerdings für jemanden der mit dieser Materie überhaupt nicht vertraut ist, durchaus von Vorteil ist, da die theoretischen Hintergründe so deutlicher werden. Für die Neugierigen, noch unvertrauten Lesenden ist dieses Buch eine Hilfe und sorgt für einen guten Einstieg in diese Thematik. Es stellt keine revolutionären, neuen Forschungsergebnisse vor, vielmehr ist zu erkennen, dass alt bekannte Erkenntnisse, neu verpackt wurden. Sehr viele Parallelen lassen sich zu Csikzsentmihalyis Werk von 1997 ziehen. Im Kreativitätsprozess, beschreibt dieser zehn Dimensionen der Kreativität. Bei Erharter lassen sich diese zehn Dimensionen in ähnlicher Art wiederfinden. Dies zeigt, dass er die Ausführungen von Csikszentmihalyi als Grundlagenliteratur für sein Buch angewandt hat. Die Aussage von Edison „ein Prozent Inspiration und 99 Prozent Transpiration, ist ebenfalls eine Erkenntnis, die Csikszentmihalyi schon beschreibt. Eine weitere Gemeinsamkeit ist die Ausführung, dass nicht jeder das Rad neu erfinden muss, sondern, dass durchaus bereits bestehende Erkenntnisse modifiziert werden können. Überträgt man diese Feststellung auf Erharter, zeigt sich, dass er in seinem Buch ebenfalls diese Technik angewandt hat. Er nutzte die Ergebnisse von Csikszentmihalyi und kombinierte diese mit eigenen Beispielen, neuen Erklärungsansätzen und setzte diese in Bezug zum modernen Management. Csikszentmihalyis Ausführungen sind noch weitaus komplexer. Erharter bezieht sich in seinem Buch eher auf den ersten Teil des oben genannten Autors, der diesen, „den kreativen Prozess", nennt. Erharter stellt der Lesenden die Schaffensprozesse, auf dem Weg zum kreativen Prozess, vor. Csikszentmihalyi beschreibt diesen Prozess ebenfalls, in fünf Phasen. Erharter stellt noch ausführlicher die Gefahren für jeden Prozess vor und zeigt so immer wieder, dass er eine gute Grundlage hatte, aber eigene Merkmale und Verbindungen ergänzt.

Das letzte Kapitel ist sehr interessant für Führungskräfte. Hier stellt der Autor die Verbindung der Erkenntnisse zu der Führung eines Unternehmens her. Er geht auf Organisationen und das Management ein, was sich gut auf den pädagogischen Führungsbereich übertragen lässt. Die Mitarbeiterführung und das Teammanagement in einer Kindertagesstätte sind von großer Bedeutung. Erharter zeigt hier auf wie wichtig Strukturen sind und wie sehr jeder Mensch nach einer gewissen Ordnung strebt. Diese Ordnung ist wesentlich für die Kinder in den Einrichtungen sowie für alle Mitarbeitenden. Grundsätzlich lässt sich sagen, dass der Autor durch den provokanten Titel des Buches sein Ziel erreicht die Lesende aufmerksam zu machen. Durch seinen gut vermittelten Inhalt sorgt er dafür, dass die Lesende am Thema bleibt und sich das Blickfeld am Ende zur Thematik sehr viel weiter geöffnet hat. Für die Lesende, der mit dieser Themenstellung vertraut ist, stellt das Buch keine neue Herausforderung dar. Wenn sich die Lesende mit den Ausarbeitungen von Csikszentmihalyi auseinandergesetzt hat, ist dieses Buch eine gute Zusammenfassung mit nochmals anderen Blickwinkeln, Beispielen oder veränderten Begrifflichkeiten. Für die unwissende Lesende, der mit der Auseinandersetzung dieser Aufgabenstellung erst beginnt, sind die Ausführungen interessant und bieten einen Einstieg. Die Lesende bekommt einen Überblick und wird mit den Bereichen und Prozessen der Kreativität vertraut gemacht. Im Buch finden sich auch Hinweise und Vermerke zu Csikszentmihalyi wieder, sodass die Lesende weiß, wo sie sich weiter in die Materie einarbeiten kann. Als eigenständiger Prozess zeigt sich das letzte Kapitel. Hier präsentiert Erharter die Verbindung zwischen den Führungskräften und der Kreativität bzw. den Schaffensprozessen. Er verbindet die vorhergehenden Ausführungen und überträgt diese auf den Führungsalltag. Diese Passage ist bei Csikszentmihalyi nicht zu finden. Dort finden sich im Anhang Studien und Interviews zur Forschung. Nach den Ausführungen von Erharter könnte sich die Lesende hiermit weiter beschäftigen. Die Argumentationen des Buches zeigte eine klare Darstellung des Sachverhaltes, welche auf einer sehr guten Grundlage aufbaut und ein eigenständiges Kapitel für Führungskräfte in Bezug zur Thematik vorstellt. Dies ist für den Autor kennzeichnend, da er im Managementbereich arbeitet und Führungskräfte unterstützt und schult. Er hat so die wissenschaftlichen Erkenntnisse mit seiner Arbeit in Verbindung gebracht und diese der Lesenden sehr gut vermittelt. Abschließend lässt sich ausdrücken, dass es den Autor sehr ärgert, dass der Begriff Kreativität so inflationär genutzt und benutzt wird. Erschwerend hinzukommt, dass jeder Mensch denkt, kreativ sein zu müssen, was aber insgesamt den Menschen sehr unter Druck setzen und gleichzeitig hemmen kann. Weiterhin räumt er auf mit dem Vorurteil, dass die Gabe „Kreativität", ein Talent ist. Eine wesentliche Aussage des Autors ist im Grunde, dass Kreativität nicht etwas ist, das einem in den Schoß fällt, sondern man muss etwas dafür tun beziehungsweise schaffen!

6. Das Buch „Kreativität gibt es nicht" in Bezug zur pädagogischen Praxis und weiterer Fachliteratur

Das Buch „Kreativität gibt es nicht", ist kein typisches Fachbuch für die Kindertagesstätte. Auf den ersten Blick zumindest nicht. Setzt man sich jedoch damit auseinander, ist festzustellen, dass sehr viele Anregungen in die Praxis übertragbar sind. So schreibt der Verfasser zum Beispiel, dass es *„für die ersten Schritte Ihrer Entfaltung eine sichere Umgebung braucht"* (S. 63). Diese Aussage lässt sich sehr gut auf die pädagogische Praxis übertragen. Wir müssen als pädagogische Fachkräfte eine sichere Umgebung für die Kinder schaffen, um von Grund auf die Möglichkeiten zum kreativen Schaffen zu ermöglichen. In diesem kreativen Schaffensprozess liegt der Grundbaustein für die Zukunft. Weiter schreibt der Autor von einer anregenden Umgebung. Dies ist Grundvoraussetzung im pädagogischen Alltag in den Kindertagesstätten und dennoch nicht immer selbstverständlich. Es stellt sich die Frage, wie sieht eine anregende Umgebung überhaupt aus? Im Buch Kreativität in Theorie und Praxis, von Daniela Braun, wird auf diesen Bereich weiter eingegangen. [7]Eine Umgebung schaffen, bedeutet, Kinder anzuregen und nicht zu bewerten. Es ist wichtig, Materialien bereitzustellen, die zweckentfremdet werden dürfen, sogar sollen, um Kindern den Raum zu geben, für eigene Ideen. Bilder, Ideen, Konstruktionen, Geschichten, Problemlösungen, Experimente müssen den Kindern zur Verfügung stehen und nahe gebracht werden, damit dieses sich in ihren kreativen Prozessen entfalten können. Fachkräfte müssen Bildungsprozesse der Kinder wahrnehmen und diese impulsgebend und wertschätzend begleiten.

In der Erklärung, dass Kreativität zu neunundneunzig Prozent harte Arbeit ist und dass es wichtig ist in einen Flow zu kommen, bei dem das Ergebnis völlig nebensächlich ist. Es zeigt sich also, egal ob im Management oder in der pädagogischen Arbeit, wie bedeutend es ist, Menschen und besonders Kinder in ihrem Tun zu unterstützen und zu inspirieren, aber in keinem Fall zu stören. Dies ist die Kernaussage des Buches in Bezug zur pädagogischen Praxis. Die Fachkräfte müssen ihren Blick noch weiter öffnen und noch mehr verändern. Kinder brauchen Anregung und Unterstützung und müssen noch weiter weg von der ergebnisorientierten, hin zur erlebnisorientierten, explorierenden und selbstbildenden Pädagogik. In dem Kapitel Auseinandersetzung mit der Materie sticht sehr deutlich hervor, wie entscheidend es ist, dass Kinder völlig zweckfrei und konzentriert spielen können. Dies

---

[7] Der folgende Abschnitt bezieht sich auf Braun, Daniela (2011) S. 77 und S. 81

ist Grundvoraussetzung für weitere Schaffensprozesse. Hier sind die Fachkräfte dazu angehalten, dass sie dies kontinuierlich fördern und fordern. Sie müssen den Kindern begleitend zur Seite stehen und sie unterstützen, den Blick für das Wichtige zu schulen, indem sie immer wieder Inspirationen schaffen und Anlass geben zur schöpferischen Arbeit und zum explorierenden Verhalten. Diese Aussagen lassen sich in dem Buch Kreativität in Theorie und Praxis, Daniela Braun, weiter vertiefen. Die Autorin beschreibt dort ebenfalls die Wichtigkeit des Flows und gibt wissenschaftlich fundierte Hilfen für die pädagogischen Fachkräfte. Während Erharter einige Aussagen trifft, die für die pädagogische Praxis übertragbar sind, bezieht sich das oben genannte Buch sehr konkret auf den pädagogischen Praxisbereich, wie auch der Titel schon aussagt. Dort wird die Rolle der pädagogischen Fachkraft deutlich gemacht, während Erharter ganz deutlich auf die Rolle der Führungskraft eingeht.

[8]Kreativität lässt sich bereits in der Hirnforschung entdecken. Spitzer schreibt in seinem Buch „Lernen", „dass man dem Gehirn nichts vermitteln kann, sondern, dass dieses nur selbst produziert" (S. 417). Das Gehirn benötigt ständig Impulse, die unterschiedlich wirken (S.24ff). Dies bedeutet, dass diese unterschiedlichen Stimulationen wichtig sind, um das Gehirn in Gang zu bringen. Übertragen bedeutet dieser Aspekt, dass für eine anregende Umgebung gesorgt werden muss um Reize zu schaffen, damit Prozesse in Gang kommen können. Die Aspekte der Hirnforschung geben daher die neurowissenschaftliche Grundlage und Begründung für kreative Schaffensprozesse.

[9]Daniela Braun beschreibt in ihren Veröffentlichungen, dass Kreativität zwei Dimensionen umfasst. Die ästhetische und die pragmatische Kreativität. Die Letztere beschreibt die Wichtigkeit der Problemlösekompetenz, die durch alltägliche Herausforderungen angeregt wird. In der ästhetischen Kreativität geht es um das Künstlerische aber auch um Kultur und Medien. Durch die sinnlichen Erfahrungen werden Sinneszusammenhänge hergestellt. Es zeigt sich, dass die Autorin hier, sowie Manfred Spitzer in seinem Buch Lernen, wie auch das rezensierte Buch deutlich macht, wie wichtig der eigene Antrieb zur Problemlösung ist.

Wenn wir wollen, dass Menschen kreativ arbeiten und schöpferisch werden, muss besonders in den Kindertageseinrichtungen ein Umdenken stattfinden, denn hier findet die Grundsteinlegung statt. Diese Erkenntnis, beschreibt auch Erharter in seinen Ausführungen auf Seite 77, auf der Suche nach den passenden Arbeitsbedingungen beziehungsweise auf der Suche nach dem produktivitätsfördernden Umfeld. In seinem letzten Kapitel geht Erharter auf die Führungsebene und die Arbeit in der Gemeinschaft ein. Hier lässt sich sehr

---

[8] Der folgende Abschnitt bezieht sich auf Spitzer, Manfred (2002) S. 417, 24 ff.
[9] Der folgende Abschnitt bezieht sich auf, www.kindergarten-heute.de

viel auf die Arbeit in pädagogischen Teams übertragen. Um kreative Lösungsprozesse bei den Mitarbeitenden zu fördern, brauchen diese die gleichen Grundlagen wie die Kinder. Ein sicheres Umfeld, klare Strukturen und einen geschützten Raum, um ihre Ideen zu verwirklichen. Die Aspekte für die anregende Umgebung bei Kindern können ohne weiteres auf die Erwachsenen übertragen werden. Besonderen Wert legt der Autor auf die klaren Strukturen. Er erklärt, dass auch der menschliche Körper nach gewissen Strukturen aufgebaut ist und dass jedes Wesen Regeln, Richtlinien und auch Grenzen braucht. Die Leitung einer Kindertagesstätte bekommt in diesem Buch sechs Aufgaben vermittelt, wie sie die Organisation des Schaffens regeln kann. Wichtig ist hierbei, diese Aufgaben nicht einfach nur übernehmen zu wollen, sondern sich damit auseinanderzusetzen und darauf einlassen zu können. Denn auch hier gibt der Autor keine Rezepte vor, sondern Anregungen. Er empfiehlt unter anderem eine Balance zwischen Erhaltung und Entfaltung zu finden und somit Raum zu schaffen, Auseinandersetzungen zu fördern um Menschen produktiv zu machen. Jeder soll selbstorganisiert sein und gleichzeitig auf das gemeinsame Ziel hin arbeiten. Diese Balance gilt es zu fördern, damit sich die Schaffenskräfte fast von selbst vermehren. Erharter drückt aus, dass es „nicht notwendig ist die Kreativität zu fördern, es genügt schon, wenn man sie nicht behindert" (S. 189).

Auf das Personal bezogen, lässt sich dies auf die Motivationsaussagen von Sprenger[10] übertragen. Dieser schreibt, dass „Motivation der Zustand aktiver Leistungsbereitschaft ist". Diese kommt von innen und braucht nicht durch Fremdsteuerung (Motivierung) gefördert zu werden. Dies würde nur das Gegenteil bewirken. Wichtig und gleich mit Erharters Aussagen ist es, der Eigenmotivation der Mitarbeitenden einen passenden und anregenden Rahmen zu geben, in dem diese ihre vorhanden Fähigkeiten einsetzen können und die Prozesse aktiviert werden.

Das Buch ist auf die pädagogische Praxis übertragbar. Besonders interessant für Führungskräfte, ist, wie bereits erwähnt, das letzte Kapitel, bei dem der Autor es schafft, die vorangegangenen Ausführungen anschaulich auf die Führungsebene zu übertragen und zu zeigen, dass und wie diese Ansätze angewandt werden können. Die Leitungskraft wird besonders durch diesen letzten Abschnitt sehr unterstützt und mit einer guten Grundlage ausgestattet. Für den pädagogischen Alltag und die Arbeit mit Kindern, sind Hinweise zu erkennen. Dies ist jedoch kein Ersatz für ein Praxisbuch und war auch nicht die Absicht des Autors.

---

[10] Der folgende Abschnitt bezieht sich auf Sprenger, Reinhard (1995), S. 16ff

7. Fazit

Wolfgang A. Erharter, hat mit seinem Werk einen Titel verfasst, der im Vorfeld durchaus provokant gemeint ist. Im Verlauf des Buches, hat er es jedoch geschafft die Lesende zu inspirieren und sie mit auf einen Weg zu nehmen, dieser der Materie Stück für Stück näher zu kommen und immer weiter an den schöpferischen Schaffensprozess herangeführt zu werden. Erharter, der bekannt im Management- und Wirtschaftsbereich ist, hat in seinem Buch durchaus Ansätze, die für die pädagogische Praxis von Bedeutung sind. Durch den klaren Aufbau und die interessanten Beispiele, schafft es der Verfasser, der Lesenden komplexe Dinge nahe zu bringen. In manchen Beispielen, kann sich die Lesende wiederfinden und wird dadurch zum Nachdenken angeregt, was für die kreativen Schaffensprozesse sehr förderlich sein kann. Die Kernaussage des Buches, Menschen und Kinder in ihrem Schaffen und Tun zu inspirieren und nicht zu stören, ist von sehr großer Bedeutung und sollte gerade in Kindertageseinrichtungen ohne Frage umgesetzt werden.

Das Buch ist für jede Lesende, egal welcher Berufsgruppe diese angehört, empfehlenswert. Der Verfasser schafft es, die Dinge so zu vermitteln, dass das Werk ein sehr breites Publikum anspricht und so die Ausführungen in verschiedene Gruppen getragen und angewandt werden kann. Der Untertitel, „Wie sie geniale Ideen erarbeiten", ist sehr treffend für das Buch. Der Verfasser erklärt, dass Kreativität nicht einfach vom Himmel fällt, sondern harte Arbeit ist und sich die Ideen auf dem Weg des Schaffens entwickeln. Mit den Leitfäden und Rahmenbedingungen, welche der Lesenden vermittelt werden, hat diese die Möglichkeit, tatsächlich zu erkennen, dass jeder Mensch kreative Arbeit leisten kann. Nach einer intensiven Auseinandersetzung mit den Ausführungen gelangt man zu der Erkenntnis, dass es Kreativität gibt, diese aber sehr vielschichtig ist und Anregung, Impulse braucht, damit das Gehirn stimuliert wird und Prozesse in Gang gebracht werden. Interessant ist die Auseinandersetzung mit dem Begriff Kreativität in Bezug zur Pädagogik. Hier wird noch viel Entwicklungsarbeit notwendig sein um die Kompetenz „Kreativität" noch weiter weg von der ästhetischen Gestaltung hin zur aktiven Problemlösung und den Schaffensprozessen zu bringen.

Zusammenfassend lässt sich zu dem Buch „Kreativität gibt es nicht", sagen, dass sich dort keine revolutionären Forschungsergebnisse finden lassen. Der Autor orientierte sich an Ergebnissen von Csikszentmihalyi, die für die noch unwissende Lesende eine Vertiefung des Sachverhalts darstellt. Die Verbindung Kreativität und Mitarbeiterführung ist dem Autor sehr gut gelungen und kann die Lesende in ihrer Arbeit unterstützen, gerade auch in Bezug zur Motivation der Fachkräfte.

Die Frage, um etwas Druck aus dem momentanen sehr mächtigen Begriff Kreativität herauszunehmen, könnte abschließend lauten: Sollte nicht besser vom schöpferischen und schaffenden Menschen gesprochen werden? Denn der Kreative schöpft schließlich etwas in einer sehr disziplinierten Arbeit!

8. Literaturliste

Braun, Daniela (2011). Kreativität in Theorie und Praxis. Freiburg im Breisgau: Verlag Herder GmbH

Csikszentmihalyi, Mihaly (1997). Kreativität – Wie Sie das Unmögliche schaffen und Ihre Grenzen überwinden. Stuttgart: Klett-Cotta

Erharter, Wolfgang. (2012). Kreativität gibt es nicht - Wie Sie geniale Ideen bearbeiten. 1. Auflage. München: Redline Verlag, ein Imprint der Münchner Verlagsgruppe GmbH

Spitzer, Manfred. (2007). Lernen – Gehirnforschung und die Schule des Lebens. Berlin, Heidelberg: Springer – Verlag

Sprenger, Reinhard. (1995). Mythos Motivation. Wege aus einer Sackgasse. 9. Auflage. Frankfurt/Main: Campus

Links

Braun, Daniela. Mehr als eine schöne Zutat: Kreativ – künstlerisches Gestalten mit Kindern. www.kindergarten-heute.de/zeitschrift/hefte/inhalt_lesen.html?k_beitrag=2189408 (eingesehen am 01.04.2013, MEZ 15.00 Uhr)

Edison, Thomas. Biographie. www.planet-wissen.de/natur_technik/energie/elektrizitaet/thomas_alva_edison.jsp (eingesehen am 01.04.2013, MEZ 20.00 Uhr)

Erharter, Wolfgang. Website. www.erharter.info (eingesehen am 01.04.2013, MEZ 10.00 Uhr)

Erharter, Wolfgang. Interview Zum Teufel mit der Kreativität. www.changex.de/Aricle/interview_erharter_zum_teufel_mit_der_kreativitaet/Ci73rOSpLnlt5y Z7mcyLNYRQGa299H (eingesehen am 01.04. 2013, MEZ 21.00 Uhr)